AF452301

LE LIVRE

À LA MODE.

NOUVELLE ÉDITION,

Marquetée, polie & vernissée.

EN EUROPE,

CHEZ LES LIBRAIRES.

1000700509.

BIBLIOTHÈQUE NATIONALE
R.F.

Acq Cobourg

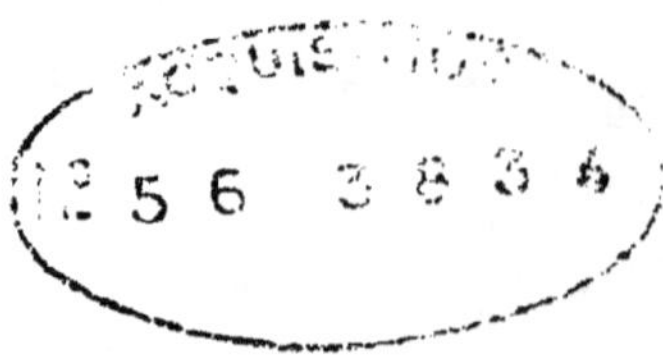
256 3834

AUX
MESSIEURS
et
DAMES
A VAPEURS.

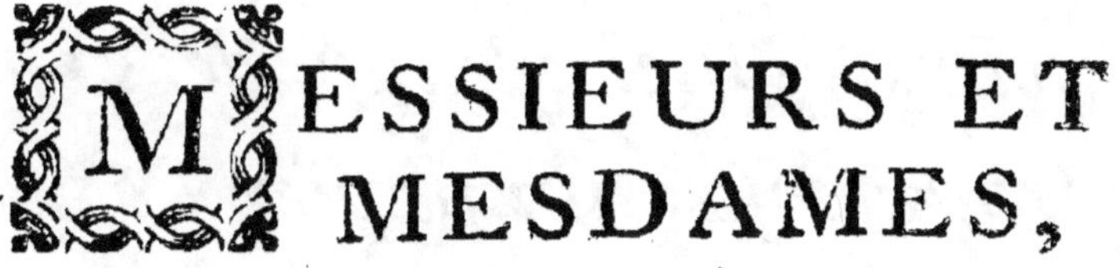

MESSIEURS ET
MESDAMES,

La couleur verte n'ayant
duré que huit jours, ainsi

EPITRE

que toutes les modes, je vous
offre le plus beau des ver-
millons, tel enfin qu'il brille
fur vos vifages magnifiquement, & furieufement en-
luminés, & tel qu'il doit
être felon l'avis des plus
habiles Tronchins, pour
enjoliver & égayer vos vapeurs. Quel plaifir de retrouver fur un papier l'ex-
preffion même de vos charmantes figures, & d'y voir
ce joli coloris qui pare au-

DEDICATOIRE.

jourd'hui les physionomies de nos Petits-Maîtres & de nos Petites-Maîtresses, vraiment habiles dans l'art de se peindre avec élégance ! Cet Ouvrage va devenir un tamis, où vos inquiétudes noires venant à s'évaporer, il ne vous restera plus que des langueurs agréables propres aux gentillesses de la société. J'ai voulu aller par gradation, du noir au verd, & du

EPITRE, &c.

*verd à la couleur de rofe,
pour vous prouver,* MES-
SIEURS & MESDAMES,
*que dans toutes les nuan-
ces je fuis également,*

Votre admirateur
& ferviteur.

PRÉFACE.

LEs Brochures de ce
siécle font comme
les petits pâtés; elles fe
vendent toutes chaudes
& par douzaine, & bien-
tôt il n'en refte plus. La
premiére Edition de cet
Ouvrage a été croquée
prefqu'auffi-tôt qu'elle a
paru: cependant l'impref-
fion n'étoit pas d'un verd
de Saxe, & le ftyle du Li-

vre n'avoit rien de merveilleux. Mais le titre & l'invention ont *impreſſionné*, d'une maniére raviſſante, nos jolis Meſſieurs & nos Dames divines, qui s'extaſient à la vue de la moindre nouveauté.

Mais que fera-t-il devenu ce Livre verd, après avoir paſſé entre les mains de mille & mille perſonnes ? Quelle eſt aujourd'hui ſa deſtinée ? Papillote, n'en doutons pas, chez le Petit-Maître à fri-

fure en cabriolet, bou-
chon de quelque jolie
fiole chez nos Coquettes
à eaux de Lavande & de
Bergamote, enveloppe de
boucles à brillants chez
quelques Laquais du bon
ton ; il aura eu le fort des
chofes humaines. Tout fe
détruit, tout retombe dans
le néant. Les plus belles
couleurs s'effacent, les
pyramides les plus folides
fe renverfent, l'Empire
des Grecs & des Romains
a fini, & nos modes & nos

minauderies finiront de même. Quel malheur! N'annonce-t-il pas la barbarie?

Mais laiſſons ces idées lugubres : comment pourroient-elles quadrer avec une Edition en couleur de roſe ? Cet Ouvrage, plein d'agréments , doit épanouir les viſages, comme une roſe s'épanouit elle-même : il doit n'avoir que quelques piquerons par-ci , par-là , pour confirmer le Proverbe ancien

& trivial, qu'*il n'y a point de roses sans épines* : il doit embaumer par ses jolies pensées, comme la rose par ses feuilles ; & ses mots doivent être arrangés avec la même symmétrie.

Oh ! ciel ! que c'est plaisant ! un Livre en couleur de rose. En vérité, diront nos Petites-Maîtresses, il n'y a pas moyen de s'empêcher d'en rire. Mais quelle imagination ! quelle idée ! J'avoue que ce ne font point des idées rembrunies, & l'on doit favoir que dans le monde il y a des imaginations couleur de rofe, c'eſt-à-dire, des imaginations qui voient tout aimable, tout joli, tout charmant; des imaginations qui favent fe feindre les objets les plus enchanteurs, & qui comme les abeilles & les papillons, ne fe repofent jamais que fur des arbres & des fleurs.

Je connois des perfonnes qui voient tout en noir, des perſonnes qui acheteroient des inquiétudes, ſi elles n'en avoient point, & ſi l'on en vendoit au marché. La ſurface de ce monde leur ſemble un crêpe lugubre, ou plutôt un drap mortuaire. Mais j'en connois d'autres qui ſe chatouilleroient le ſoir pour rire, ſi l'on n'avoit pas ri dans la journée, qui ne donneroient pas leurs jolis châteaux en Eſpagne pour cent mille écus de rente , qui se repaissent des plus agréables chiméres, qui les réalisent, & qui ont toujours cinq à six couleurs charmantes, à leur volonté, pour en revêtir les objets tristes & maussades.

Voilà les heureux. Ils rient tout le jour avec eux - mêmes , & on les payeroit pour se livrer au chagrin pendant deux minutes, qu'ils ne le voudroient, ni ne le pour-

roient. Cette façon d'ê-
tre ne fera, peut-être, pas
à la mode ; car il faut aujourd'hui des doſes con-
tinuelles d'hypocondrie,
ſur-tout chez nos Sages
de vingt ans, & des ma-
gaſins de vapeurs chez
nos Prudes de dix-ſept.
On eſt malade, ſans ſavoir
où l'on a mal ; on ſouffre,
ſans s'appercevoir qu'on
ſouffre ; mais on le dit ; &
le viſage s'ajuſtant au diſ-
cours, on meurt à chaque
quart d'heure, en man-

geant, & vivant toujours.

On peut, sans doute, être malade par caprice, puisque le bon ton l'exige ; mais ce ne devroit être que de loin en loin, comme fait une Dame singuliérement aimable, & que j'ai la félicité de connoître. Elle a arrangé toute sa vie, avec un art & une prévoyance si admirables, que rien n'est plus délicieux que le tissu des quarts d'heure qui forment la chaîne de ses

beaux

beaux jours. Elle ſonne le matin la cloche aux vapeurs ; car elle en a autour de ſon lit pour tous les beſoins & pour toutes les maladies. Des domeſtiques viennent en foule, & auſſi-tôt notre Dame, voluptueuſement malade, reprend toute ſon ame dans un bouillon délicieux ; bouillon ambré, bouillon plus excellent que l'ambroſie même.

Après cette opération, la ſanté revient peu à peu :

on fourit trois fois; on demande des nouvelles du tems; on jette un œil à demi ouvert fur un Livre tout joli; on en lit deux lignes, & l'on caufe enfuite une demi heure. Le Médecin entre, tâte le pouls, qu'il trouve toujours un peu ému, vérifie la régularité du battement de cœur, tient quelques propos badins, & raconte quelques hiftoriettes de la veille. Enfin, l'heure de fe lever arri-

ve, c'eſt-à-dire, midi : on
ſe laiſſe aller entre les bras
de deux femmes-de-cham-
bre, qui tranſportent l'i-
dole ſur une magnifique
délaſſante. Là, on bâille
quatre à cinq fois ; on fer-
me encore l'œil, comme
ſi l'on vouloit ſommeil-
ler ; car l'uſage eſt qu'on
a toujours beſoin d'une
heure pour ſe repoſer,
lorſqu'on en a dormi dix.
On ſe réveille tout de
nouveau ; on demande un
miroir, & bientôt on s'é-

crie qu'on eſt laide à faire peur ; on change de décoration ; on paſſe une robe de Perſe ; on ſe pâte ; on ſe fait tortiller les cheveux, & l'on y répand des parfums à profuſion. Les couleurs ſe préſentent à la vue ; on ſe barbouille avec le pinceau, & l'on ſe rend rouge comme la crête d'un coq ; on applique quelques mouches ; on ſe nettoie les dents , ou l'on en ajuſte trois poſtiches, mais qui paroiſſent dans tout leur naturel. Telle eſt la matinée des beaux jours de la Dame en queſtion; ſi vous ajoutez qu'on baiſe un ſerin, qu'on careſſe un chien, que, d'intervalle en intervalle, on gronde une femme-de-chambre, & qu'enfin on donne un coup d'éventail ; mais coup tout mignon ſur les doigts indiſcrets d'un Abbé poupin qui aſſiſte réguliérement à la toilette, & qui veut trop tirer parti des écarts d'un peignoir volage.

Le Dimanche, notre aimable Perſonne marmotte quelques oraiſons; mais avec une viteſſe incroyable, & ne s'entendant pas elle-même. Ce jour eſt pour les Spectacles. Le Lundi ſe paſſe toujours en viſites; le Mardi en repas; le Mercredi eſt livré tout entier aux promenades; & le Jeudi à un petit voyage à la Cour; le Vendredi coule agréablement dans

la ſociété des gens d'eſ-
prit, des hommes à bons
mots & des Poëtes à Epi-
grammes ; enfin , le Sa-
medi ne manque jamais
d'apporter la migraine , &
l'on a beſoin d'une jour-
née de cette eſpéce ; car
elle ſert à chaſſer les im-
portuns , & à ne laiſſer
entrer que les perſonnes
que Madame veut voir.

Cet arrangement , du
moins, comme on l'aura
remarqué , laiſſe à la ma-
ladie des intervalles. Il

n'y a qu'un jour dans la femaine, & quelques quarts d'heure tous les matins, qui lui foient réfervés, & c'eft autant qu'il en faut pour avoir des indifpofitions à la mode. J'aime beaucoup mieux cette routine; car on fait à quoi s'en tenir, & l'on n'a pas la douleur d'entendre une Dame crier, au milieu de fon jeu, qu'elle fe meurt, & que tout eft perdu, comme cela arrive à tant de Dames

mes qui ne favent pas diftribuer leurs journées.

Il faut être Petite-Maî-
treffe Parifienne, & Parifienne du bon ton, pour
gouter la folidité de ces
réflexions ; car quant à
ces femmes de Province,
qui prétendent faire les
aimables, elles ne com-
prennent rien, & ne s'an-
noncent en public, que
pour faire rire à leurs dépens : témoin cette noble
Campagnarde , qui par-
lant à une Reine, la nom-
C

moit *Sirette*, & qui fai-
fant la defcription de fon
Château & de fes ameu-
blements, vantoit des ta-
piff]eries de *haute lut* & à
perfonnages de bêtes, des
confones de marbre, des
miroirs à *cadavres* dorés,
des ftatues à pieds *détefta-*
bles, des appartements
d'*arrache pied*, des *embra-*
fements de fenêtres; enfin,
une riviére qui paffoit *au*
bord de l'eau, & ainfi du
refte; tant il eft vrai qu'il
n'y a rien de fi ridicule

que la mauvaife copie d'un bel original.

Je prévois toutes les fenfations que ce Livre va fûrement exciter, & j'en ris d'avance. Il va enchanter toutes les perfonnes affez jeunes pour pouvoir jouir des couleurs vives, & irriter nos vieilles, qui n'ofent plus porter que du violet, quoique la Comteffe de **, âgée de foixante-trois ans, fe pare encore avec des rubans rofe & bleu-célefte, craint

de se remarier, de peur
de mourir en couche, &
fait réguliérement trois
fois par jour sa toilette,
dans l'espérance de trou-
ver encore quelque inso-
lent.

Mais que l'on dise ce
qu'on voudra, je n'en se-
rai pas moins empressé à
nuer mes pensées, à les
rendre transparentes &
de toutes couleurs. Je
veux former une collec-
tion de Livres, qui re-
trace un parterre, & qui

ferve en même-tems de toilette & de bibliothé-que à nos Petits-Maîtres. Auffi j'avertis le Public, que je travaille mainte-nant à donner réguliére-ment tous les mois *le Jour-nal à la mode*, & que cha-que Journal aura fa cou-leur particuliére. Janvier en noir, Février en brun, Mars en gris, Avril en verd, Mai en lilas, Juin en ponceau, Juillet en cramoifi, Août en bleu, Septembre en violet, Octobre en jaune, Novembre en moire dorée, & Décembre en feuille morte. Ce fera une véritable Encyclopédie de couleurs; & lorfqu'elles feront toutes réunies, cela vaudra les vernis des *Gobelins* & de *Martin*.

Cette mode prendra, & bientôt, je m'en flatte, le noir ne fervira plus qu'aux Elégies, aux Epitaphes, aux Oraifons *funeftes*, & à ces Differtations gothiques, qui ne font que nous répéter ce qu'on difoit il y a deux mille ans. Le monde d'aujourd'hui veut tout voir dans une lanterne magique. Il ne donne qu'un coup d'œil, & tous les Livres, ainfi que les Auteurs, doivent paffer vite, en formant quelques ombres & quelques nuances agréables. Eh bien, vous avez vu le Livre verd, vous voyez le Livre rouge, & bientôt vous verrez des Livres en cha-

que couleur, & dont cha-
que ligne fera nuée diffé-
remment.

Il y a long-tems que la
plupart des Libraires tra-
fiquent les Ouvrages ainfi
que des toiles peintes,
fans les ouvrir, & fans
favoir s'ils font beaux ou
non. On envoie les Livres
par ballots, & l'on met
pêle-mêle Voltaire & la
Beaumelle, Montefquiou
& Calmet, les Dialogues
de Fontenelle & les Con-
tes des Fées, les Lettres

Perſanes & les Lettres Jui-
ves, les Sermons de Bour-
daloue & ceux d'un Ca-
pucin, qui de trois bons
Panégyriques en a ſu faire
un mauvais. Ne peut-on
pas, après cela, compo-
ſer des Livres qui n'aient
de mérite que la couleur ?
Mais que dis-je ? Egayons-
nous, & ſans chercher à
faire notre apologie aux
yeux d'une foule de Mi-
ſantropes que nous mé-
priſons, ne cherchons
qu'à plaire & à amuſer.

Qu'on nous approuve, ou qu'on nous condamne ; qu'on nous tourne même en ridicule, nous ne demandons pas mieux. Notre siécle ne feroit pas aussi femillant & aussi joli, s'il n'égratignoit & s'il ne mordoit. Ne savons-nous pas d'ailleurs, nous qui connoissons un peu le monde, & qui l'avons vu autrement que par une chatiére, que le seul privilége des sots, dont le grand nombre est formé, confiste à critiquer ce qu'ils n'entendent pas, à s'ériger en censeurs de tout ce qui paroit, & à exhaler leur stupidité par tous les pores de leurs corps ? C'est parmi eux que le raison mise au ratelier, & le bon sens à la bavette, on argumente, on dispute, ou plutôt on siffle, on croace & on aboie.

Je ne préviens point mes Lecteurs que cette nouvelle Edition, bien différente de celles où l'on ne trouve souvent que cinq ou six lignes de plus, quoiqu'on imprime en gros caractéres, *revue, corrigée & augmentée*, n'a rien de commun avec l'ancienne : j'espére qu'on s'en appercevra, & qu'on en conclura bien justement, que la science des modes est inépuisable ; qu'elle prend plus de figures que *Protée* ; qu'elle a plus de bras que *Brioché* ; qu'elle va du blanc au noir, avec une rapidité étonnante; qu'elle approuve le foir ce qu'elle condamne au matin ; qu'elle opére des réfurrections , en ranimant des fquélettes & en les fardant, en rajeuniffant des femmes octogénaires & en les rendant amoureufes , en parfumant, enfin, des cadavres infects & en les baignant dans des fleuves d'ambre & de mufc.

Mais pourquoi ce Livre à la mode n'eft-il pas

lui-mème parfumé ? Parce qu'infailliblement il le fera. Je ne lui fouhaite qu'une fimple minute de tems entre les mains d'une Petite-Maîtreffe ; je ne veux le favoir qu'un quart d'heure fur la toilette d'un Militaire à bonne fortune, pour le fentir à cinquante pas. Bientôt il aura l'odeur des plus belles fleurs, comme il en a la couleur.

LE
LIVRE
À
LA MODE.

EH vite, vite, qu'on faſſe courir cette Brochure, qu'on la critique, & puis qu'on la liſe; car cette couleur, maintenant à la mode, ne durera peut-être qu'une heure & vingt minutes. Déja j'entrevois une femme toute céleſte, en fanfre-

luches de bleu pâle, à deſſein
d'en inſpirer le gout. Elle ne ſe
proméne & ne fait des ſignes de
tête que pour accréditer ſa couleur favorite. Ah! je tremble.
Trois Petits - Maîtres s'appro-
chent, & s'exhalent en ſuperla-
tifs ſur les agréments de la parure que je redoute, & ce ſont
des Petits-Maîtres, qui, par un
ſeul mot d'approbation, mirent
en vogue, l'an dernier, les *Léſar-*
des & les *Séduiſantes*, ces coeffu-
res magnifiquement admirables.
Ah! mon pauvre Livre, qu'al-
lez-vous devenir, ſi vous ne per-
cez tout-à-l'heure les cercles, &
ſi vous n'allez unir vos nuances
à celles des robes qu'on porte

encore

encore aujourd'hui? Votre aîné, qui fut verd, ne peut plus se montrer. Encore une fois vite, & vite, vous n'avez qu'une heure, & peut-être pas, pour vous produire.

Combien les choses d'ici-bas sont de peu de durée! Quelle ample matiére pour philosopher sur le néant des vanités du monde! Une garniture qu'on n'imagina qu'après mille efforts d'esprit, & qui est redevable de son existence, peut-être, à deux millions de coups d'éguille, &, par conséquent, à une multitude de veilles, ne dure qu'un jour, passe comme l'ombre, & ne revient plus. Un velours chiné, que tout

le génie des plus habiles Manu-
factrices de l'Europe n'inventa
qu'après bien des années, ne fub-
fifte qu'un mois, & rentre dans
fon premier néant. Une perruque en aîle de pigeon, ou en cabriolet, qui couta mille foins à
toute la communauté des Perru-
quiers, & fur laquelle il fallut
foutenir des théfes, comme fur
les difputes de la Sorbonne même, s'annonce avec une poudre
odoriférante, & difparoit prefqu'à l'inftant. Une défobligean-
te, auffi difficile à imaginer que
fon nom, qui fut le chef-d'œuvre
de tous les Charrons & de tous
les Selliers, qu'on expofa, enfin,
en public comme la merveille

du siécle, & qu'on azura auffi-
bien que le firmament, ceffe d'ê-
tre à la moue, & fe cache dans
une remife à perpétuité. Une
fauce de carpe, compofée de
mille ingrédients, dont le travail
fut immenfe, & couta plus de fix
cents livres, n'ofe paroître qu'une
femaine fur les tables de nos Fi-
nanciers, fait place à des ragouts
verds & bleus, beaucoup plus
couteux, & deftinés à entretenir
l'énorme rotondité de ces animaux voraces.

M'étonnerai-je maintenant fi
ce Livre, qui n'eft, ni effort d'efprit, ni chef-d'œuvre, ni le réful-
tat des délibérations de quelque
affemblée, qui n'a été compofé

que dans des moments de récréa-
tion, & qui, enfin, ne m'a couté
que quatre foirées, perdra fon
crédit prefqu'auffi-tôt qu'il pa-
roitra? Non, non : un Livre ne
feroit pas à la mode s'il duroit.
Celui-ci a la couleur de la rofe;
il doit paffer de même. Je fuis
content, pourvu qu'on le regarde, & qu'on le flaire : il n'a pas
d'autres droits à prétendre.

Je n'adreffe point ce Livre à
la poftérité; car, outre qu'il n'i-
roit fûrement pas à fon adreffe,
il feroit alors le *Livre gothique,*
& ne répondroit plus à fon titre.
Je défire feulement qu'il ait l'honneur de repofer quelques minutes fur le fopha de la Ducheffe

de **** & fur la toilette du Chevalier de ****. Ce couple enchanté, qui nous retrace les colom-
bes de Vénus, qui comme elles
foupire agréablement , paroit
d'une propreté raviffante , &
s'envole tous les jours dans la
région des plaifirs les plus délicieux. Mon Livre aura fait fortune, fi ce bonheur lui arrive.
Mais quelle gloire n'auroit-il
point, fi, finiffant par fervir de
paffe-tems à *Dorine*, jolie petite
chienne, il étoit élégamment dé-
chiré feuille par feuille, & enfuite ramaffé proprement, pour
fervir de papillotes à quelque
tête vuide de bon fens, mais or-
née de cheveux artiftement éta-

gés ! Voilà le plus brillant fuccès qu'il peut efpérer. Plût au ciel que la plupart de nos Ecrivains ne formaffent pas d'autres fou-haits !

Cependant comme le génie, en fait de modes, eft des plus in-ventifs, qui fait fi cet Ouvrage n'entrera point dans la compofi-tion de l'ajuftement de quelques Dames ; cet ajuftement de tant de piéces rapportées, & dont les fanfreluches varient & fe multi-plient à l'infini. La trop fameufe *Tardieu* trouva bien moyen, au rapport de *Boileau*, de faire d'une thefe de fatin, un magnifique ju-pon, fur lequel on lifoit, *Argu-mentabor*, & nous voyons de nos jours, de superbes tabatiéres de papier mâché. Peut-être qu'en pulvérisant celui-ci , & qu'en le tamisant , il formeroit quelque poudre rougeâtre, propre à nettoyer les dents, ou à émailler les cheveux; car c'est encore un art qui nous manque, que celui de peindre la chevelure en couleurs vives & durables.

Quittons les vieux usages, & figurons-nous ici des cheveux bleus, accompagnant un visage blanc comme l'albâtre , & des cheveux violets, ornant un front jaune : cette invention auroit certainement son mérite. Il y a des hommes tout rouges sur la terre, ainsi que de noirs, & on les admire. Les Chinois, d'ailleurs, se peignent bien les ongles.

Quelle folie ! dira-t-on. Mais aussi quelle folie ! auroient dit nos peres, s'ils nous avoient vus en talons rouges, en souliers à pied dehors, en chapeaux grands comme la main, en perruques qui semblent la houpe d'un oiseau, en manchettes à dentelles, sur-tout à double rang. Ils auroient crié, n'en doutons pas : Quelles marionnettes ! Ce ne sont pas des hommes, mais de véritables poupées.

On ne doit jamais faire les cho-ses à demi : ou il faut reprendre nos moustaches & nos anciennes fraises, ou il faut enjoliver, de

plus

plus en plus, notre parure & notre habillement.

N'eſt-il pas ridicule de voir
encore, juſqu'à ce jour, des hommes aſſez gothiques pour porter des perruques dont les faces
tombent trois doigts au deſſous
de chaque oreille? Le dirai-je?
Leur viſage enlaidi par une telle
criniére, paroit le cul d'un chien
barbet. Il y a des gens dans le
monde qui n'ont ni gout, ni propreté, ni élégance; des gens qui
aimeroient mieux conſerver leur
probité que d'adoniſer leur figu-
re. Abus du vieux tems.

On peut être aujourd'hui frip-
pon, pourvu qu'on ait un habit
galonné; c'eſt un uſage reçu che-

le beau monde. Jadis on louoit un homme qui avoit de la religion, & cette coutume a duré dix-sept siécles ; maintenant on fête un homme qui n'en a point, & qui le publie élégamment de toutes parts.

Que les tems ont changé ! Nos Peres ne se mettoient jamais à table sans invoquer Dieu ; il ne faudroit aujourd'hui qu'un signe de croix pour perdre une personne de réputation. Nos Peres croyoient tout simplement une Religion qui a commencé avec le monde ; nous voulons maintenant en avoir une changeante comme nos modes. Nos Peres étoient sérieusement convaincus

de l'immortalité de leur ame;
nous adoptons glorieusement les
lapins & les becaffes pour nos
freres & nos sœurs, & nous pré-
tendons n'avoir pas d'autre subs-
tance.

Oh! le joli siécle que le nôtre!
quelle belle découverte! & quelle
honte pour nos Peres, de n'avoir
pas su leur généalogie, qui les
uniffoit de parenté avec les bêtes!
ou quelle ingratitude de n'avoir
pas embraffé un chien comme
un de leurs coufins! Car, enfin,
fi tout finit avec nous, ainfi que
nos Philofophes de dix-huit ans
le prétendent, il n'y a point de
milieu; une huître eft notre
sœur, & un crapaud notre frere.

Si cela paroit faire de la peine, & si ce langage semble un peu trop crud, ne pourra-t-on pas l'adoucir en donnant aux animaux même, des titres de *Grandeur*, d'*Altesse* & d'*Excellence?* J'avoue que j'aimerois assez à entendre dire : Votre Grandeur ou Votre Altesse à un chat ou à un corbeau, & voir un ours en cordon rouge ou bleu. Cependant tout ceci, qui paroit puérile & même ridicule, n'est qu'une conséquence très-juste de l'identité qu'on veut faire de nous avec les bêtes.

Mais quittons la Philosophie, quoique pour être à la mode, il soit nécessaire d'en entremêler

quelques mots de tems en tems.
Nos femmes même, & celles qui
font les plus jolies, fe piquent de
nommer *Newton* & de citer *Paf-*
cal : on les a vu, plus d'une fois,
lire ces Auteurs pour pouvoir
s'endormir, & en prendre, fina-
lement, une dofe, comme on
avale du pavot. Je me fouviens
d'avoir affifté quelquefois à la
toilette d'une Dame qui parcou-
roit l'auftére *Nicole*, ce fameux
Moralifte, tout en barbouillant
fon vifage, & en fredonnant
quelques chanfonnettes par-ci,
par-là : & nos jeunes Seigneurs
fe font fouvent un rempart de
Livres philofophiques dans leur
cabinet à toilette; & il arrive à

quelques-uns de parcourir la table d'un Almanach dans l'espace de deux mois.

Mais le tems est précieux, & je ne vois pas trop qu'il en puisse rester à nos Petits-Maîtres, seulement un quart d'heure. On se léve à midi; on se lave; on se pâte; on se parfume; on se mire; on gronde; on s'habille; on raconte à un valet-de-chambre ses bonnes rencontres, ses pertes au jeu, & on lui fait un discours pathétique pour l'engager à trouver trente à quarante louis dont on a réellement besoin. On descend; on s'élance dans une voiture; on va jetter quelques billets; on passe delà à un dîner

qui conduit jufqu'à quatre heures; on prend du café; on badine
avec un chien; on agace un perroquet; on perfiffle quelque jolie femme, jufqu'au moment de
la Comédie; on y court; on écrafe
la populace; on fe place fur le
Théâtre; on lorgne tout le monde; on fort brufquement; on va
s'enfoncer à l'Opéra, jufqu'à ce
qu'il finiffe; enfuite au jeu, ou à
quelque tête-à-tête; enfin, on
foupe. Trois heures fonnent; on
maudit fon cocher qui eft ivre,
ou qui n'eft pas encore venu; on
rentre en jurant ou en chantant;
on prend un bonnet de nuit, tout
en dentelle & tout fontangé; on
paffe une chemife à manchettes

E 4

R. F.

à double rang ; on s'abandonne, tout endormi, à un lit magnifiquement voluptueux ; *Picard* tire les rideaux ; *Saint-Louis* éteint les bougies ; le valet-de-chambre s'approche, demande quelle sera l'heure du réveil. Déja on dort, & on doit dormir ainsi jusqu'à midi, parce que c'est le bon ton.

Eh ! le tems de s'instruire ! Cependant on décidera dans l'occasion ; on frondera la Religion & toutes ses preuves, & on assurera que toutes les Sciences ne sont que des préjugés. Qu'on a d'esprit, & qu'on est savant lorsqu'on connoit les modes !

Elles excluent un mari de sa

propre maison, le rendent très-
humble serviteur de Madame,
& lui permettent d'entretenir
une Actrice; elles font, de certains Abbés, un surtout de baga-
telles, & leur apprennent la maniére de faire des mines, de prendre un air décisif, & de briller
dans les cercles. Elles, qui forment un langage précieux, tout
en comparatifs & superlatifs, &
qui ajustent des accents & des
tons proportionnés au rang, au
visage, à l'habit, chamarent de
graces une femme depuis la tête
aux pieds, & lui prodiguent des
penchements de tête, des souri-
res négligés, des coups d'éventail à propos, des rengorgements

d'oftentation, des œillades apprê-
tées, des froncements de fourcils,
des morfures de lévres, des gri-
maces, des geftes, des minauderies, des airs mutins, des maniéres de Cour. Ce font, enfin, les
modes qui déterminent l'imper-
tinence d'un laquais, qui lui apprennent jufqu'à quel point il
doit être fier, hardi, tapageur,
babillard, infolent; ce font elles
qui lui donnent droit de porter
la montre d'or, de courir en che-
nille, ainfi que fon maître, de fe
parfumer comme lui, de fe pou-
drer comme lui, & de fe faire
appeller comme lui. Les laquais
du bon ton, ne fe nomment plus,
entre eux, que du nom des Ducs

ou des Comtes qu'ils fervent.
Cela eft reçu.

Avouons donc que Paris, où
brillent ces ufages, eft la Ville
par excellence, & que hors de fes
murs, il n'y a réellement point
de falut.

Quel agrément que celui des
promenades! Les Princeffes fans
fuite, ainfi que les Bourgeoifes,
vont & viennent, bourdonnent
des chanfons & des nouvelles,
parlent politique & modes, philofophie & rubans, & fe confon-
dent toutes enfemble pour former une variété de couleurs, telles qu'on en voit dans un prifme.
Les vifages s'épanouiffent ainfi
que les feuilles ; & dans une li-

berté inconnue aux Italiens, odieuse aux Allemands, toutes les distinctions demeurent suspendues, & il n'y a que le plaisir de se voir, de rire.& de converser. Là, une Excellence à soixante & seize quartiers, ne craint point de compromettre sa dignité en se promenant à pied au milieu d'un monde roturier, parce que toutes les personnes y sont également excellentes, c'est-à-dire, bonnes, affables, joyeuses, & sans aucune prétention pour la moindre révérence, ni pour le moindre coup de chapeau. Là, on s'embrasse cordialement, & l'on se fait un plaisir de se renvoyer l'un à l'autre à l'aide des

zéphyrs, des tourbillons de poudre à la maréchale, ou d'ambre
gris ; ou l'on s'étend fur un ga-
zon émaillé de fleurs, & l'on voit
paffer en revue toutes les gentilleffes que l'efprit de modes peut
créer. Oh! Paris! Paris! on ne
vit que chez vous, & on végéte
ailleurs, comme un de vos Poëtes aimables le dit élégamment.
Les autres Pays, qui, pleins d'ingratitude, vous imitent en vous
critiquant, ne font que des copies
ridicules de vos belles façons.

Je m'étonne, quand je penfe
à cette immenfe provifion d'efprit qui fe trouve à Paris. Il brille
dans les cercles, où l'on fe le ren-
voie mutuellement, comme un

volant paſſe d'une raquette à l'autre. Que de ſaillies ! que de reparties ! On s'entend à demi mot ; que dis-je ? on ſe devine : la plus petite Marchande exhale tout ſon cœur dans les plus jolis propos, & ſeroit en état de jouer le rôle de Ducheſſe, & d'en em- prunter le langage. Je crois que ſi cela dure, on vendra de l'eſ- prit chez les Pariſiens, comme on y vend des graces ; car, enfin, tout veut être aujourd'hui Fran- çois, comme autrefois tout étoit Romain ; & cela eſt ſi frappant, que Madame de **** fit dernié- rement noyer deux de ſes chiens, les plus favoris & les plus jolis, parce qu'elle s'imagina qu'ils

n'aboyoient point à la Françoife.
Quelle fureur d'imiter Paris!

Mais ce fera bien autre chofe
dans quelques années, puifque
les modes changent toujours, &
fe perfectionnent de plus en plus.
On verra, je fuis fûr, des nœuds
d'épaule de porcelaine pour les
Cavaliers, des robes de toile d'a-
raignée pour les Dames; cela ne
fera pas mal fur un jupon couleur de rofe. On verra des na-
vettes d'aîle de papillon, des bra-
celets de vers - luifants, des che-
mifes de gaze, des bonnets de
fucre candi; ce fucre eft brillant.
On verra des culottes de mouffe-
line, des bas de duvet de cygne,
des bourfes à cheveux tiffues

d'or, des chapeaux de damas
rouge, verd & jaune. Déja nos
Abbés portent des rabats & des
collets de taffetas bleu, en guise
de batiste; déja ils font en manchettes à dentelle pendant le jour,
en fontange pendant la nuit ; il
ne leur manque que d'accou-
cher pour être véritablement
femmes.

Parlerons-nous maintenant des
conversations, ci-devant languis-
santes, monotones, &, qui pis est,
savantes? Elles étouffoient tout
homme d'esprit, tandis qu'aujourd'hui, toutes spirituelles,
toutes semillantes, toutes badi-
nes, elles électrisent les personnes les plus sottes, & en tirent des
étin-

étincelles. On y parle de l'éventail de la Baronne ; éventail de toute beauté & du gout le plus parfait. On y apprend les nouvelles les plus intéreſſantes. Le pauvre petit chien de la Comteſſe ; ce chien, beau comme les aſtres, s'eſt caſſé la patte, & n'en a plus que trois. On y lit les titres de quelques merveilleuſes Brochures : *La Souris devinereſſe & clair-voyante ; l'Huître Philoſophe ; la Tortue politique ; le Perroquet Petit-Maître, &c.* On y converſe ſur la politique : *Les Cantons Suiſſes devroient épouſer la République de Veniſe. Si la guerre continue, la terre va rougir comme l'écarlate. Monſieur* Ferdinand

F

paſſe les fleuves comme un pont. L'Armée Autrichienne eſt un terrible réveil-matin. La Paix s'envole de plus en plus. On ne l'accrochera que par ſurpriſe, &c.

Telles ſont les converſations à la mode. Mais pour en donner une plus juſte idée, nous rapporterons exactement le Dialogue de la Marquiſe de *Jonquilly*, avec le Comte de *Grimandin* & la Baronne de *Karfanzel*. Cet entretien eſt trop dans le nouveau gout & trop intéreſſant pour l'omettre. La ſcéne ſe paſſa derniérement à l'Hôtel de *Baramontor*.

La M. En vérité, vous êtes admirable. Oh ! pour cela, Monfieur le Comte, je ne puis vous le pardonner ; j'en fais juge la compagnie. Monfieur vient ce matin chez moi, & apprenant par mes gens que j'ai la migraine & que je dors, il pirouette trois fois dans ma falle, brûle, par étourderie, mon *parafeu*, en l'approchant trop près de la cheminée. Sans *Marthon*, une de mes femmes, ma maifon devenoit un charbon, & je ferois à préfent un monceau de cendres.

Le C. Quoi! Madame, *Marthon* vous a raconté cela, & de la même maniére? Ma foi, je ne lui croyois pas tant d'efprit. Savez-vous que ce récit fait tableau? Enfin, n'en parlons plus. Vous

vous portez à merveille, & je fuis tout glorieux & tout enchanté de vous revoir. Mais votre petit chien malthois, vous ne m'en dites mot. Ah! le petit coquin, qui eft toujours près de la cheminée, a eu, du moins, l'efprit de ne pas s'y trouver aujourd'hui. Je lui en fais bon gré; car j'ai l'ame fi fenfible, que la brûlure d'un chien me feroit tomber en fyncope.

La M. Comment, toujours badin, toujours étourdi, toujours railleur? Où alliez-vous hier dans une voiture étincelante? Vous courriez comme le vent. J'étois fur la Terraffe des Tuileries, d'où je vous vis voler. Vous vous intéreffez à mon chien; & vos chevaux?

LE C. Oh! oh! mes chevaux, plaifante idée! Mes chevaux & mes gens, c'eft chez moi la même chofe, c'eft-à-dire, une chofe qui ne m'inquiéte guères. Madame, puifque vous voulez le favoir; mais je vais être indifcret : n'importe. J'allois faire un doigt de cour à la Ducheffe de***, femme dont je me moque fouverainement; mais dont j'ai befoin auprès du Miniftre pour parvenir au rang de Brigadier. Colonel, toujours Colonel; il en pleut dans nos Armées, &.....

LA M. Changeons de langage; car je veux vous préfenter

Madame la Baronne de *Karfan-zel*, que voici. Elle arrive des Pays étrangers, & elle eſt étran-gére elle-même.

L E C. Madame, charmé de vous voir. Ah! vous venez des Pays étrangers, ou plutôt étran-ges. Ma foi, je crois que c'eſt un terrible ſéjour. Le peu que j'ai vu de l'Allemagne & de l'Italie me fait trembler, & me cauſe encore des vapeurs. Mais que dit-on là? Y penſe-t-on? Vos aſ-ſemblées générales, le rendez-vous de toute la Ville, ſubſiſ-tent-elles toujours? Oh! ce ſont des converſations où l'on ne con-verſe point; où l'on ne ſe ren-contre que pour s'embarraſſer;

où l'on joue comme on étudie ; où
les Dames, folemnelles comme
le jour de Pâques, ne font de
bruit qu'avec leur éventail ; où
l'on eft perpétuellement incom-
modé par mille figures, qui fem-
blent échappées d'un paravent
& d'un écran, & qui vont &
viennent fans ceffe ; où on ne
peut rire qu'à des moments marqués ; d'où on fort tous à la même
heure ; & où, enfin, on ne peut
médire à fon aife, parce que les
tantes, les niéces, les maris, les
femmes & les enfants forment
l'affemblée. Vivent nos coteries particuliéres ; c'eft là qu'on
cueille le plaifir dans fa primeur,
& qu'on en jouit fans contrainte.

La B. Quel préjugé, Mon-
sieur! On m'avoit bien dit qu'on
n'estimoit, à Paris, que les usages de cette ville. Croyez-vous
donc que les maniéres d'ici ne
nous semblent pas aussi ridicules?

Le C. Ma foi, non, puisque
vous autres étrangers, avez la
rage, au risque de donner souvent la comédie à vos propres
dépens, de vous *franciser* d'une
maniére toute singuliére. Je crois
bien, Madame, que vous, déja
répandue dans Paris, êtes sur le
meilleur ton, & il ne s'agit que
de vous voir pour ne pas prendre le change. Mais en revan-
che, quelles ridiculités chez les
étran-

étrangers, qui ofent nous con-
trefaire! & quelle rage de nous
imiter! Un Acteur qui joue le
rôle de Roi, eft toujours un pauvre Roi.

La M. Vous ne vous con-
noiffez ni l'un ni l'autre, & déja
vous difputez. Je veux vous
mettre d'accord, en vous pro-
pofant pour demain un petit fou-
per, où nous ne ferons que fix.

Le C. Vous me croyez donc
défœuvré, moi qui, demain, ai,
au moins, douze à treize rendez-vous.

La M. Dites plutôt que vous
n'en avez qu'un, & toujours
chez la même femme; car je fais
vos allures. C'eft, en vérité, bien

mauſſade de nous quitter pour une perſonne d'un rang très-médiocre.

L**a** B. Oh! voilà ce qui n'eſt pas ſupportable dans ce Pays: toutes les conditions y ſont confondues; & une femme très-ordinaire peut prétendre aux mêmes honneurs qu'une perſonne de la premiére qualité. Convenez, du moins, que c'eſt un abus.

L**e** C. Pour moi, je ne connois de Dames que les jolies femmes, & je penſe qu'il eſt du bon ton de penſer de même. Une ſociété n'eſt point un chapitre, ni un ordre où l'on doive faire preuve de trente-deux quartiers. On ne s'amuſe jamais bien, lorſque les amusements dépendent du cérémonial & de l'étiquette. Les cérémonies à l'Eglise, les compliments chez les Ambassadeurs, & les rangs marqués dans les Cours.

La M. A propos; comme votre *La Verdure* est changé; hier je ne le reconnoissois pas, lorsqu'il vint m'apporter, de votre part, la Brochure courante. Ce pauvre garçon, oh! vous le faites trop veiller; il tombe sur les dents.

Le C. Bon Dieu! que vous êtes femme! quelle compassion pour mes laquais! Il sera bien pire après la campagne que nous allons faire; car là on n'engraisse pas. D'ailleurs, c'eſt un drôle, inſolent comme ſon état; il regarde ſon ombre, il crache au loin, il ne ſe mouche qu'à trois tems. Quelle miſére que d'avoir des domeſtiques! ils vous font enrager. Cependant je galonne amplement les miens ; je ris avec eux; ils ſavent toutes mes allures & toutes mes parties; & certainement l'argent ne leur manque pas : ils ſont libertins; mais ils ont bon air; c'eſt pourquoi je les conſerve. Ah! Madame, en cela, peut-être, le Pays étranger vaut-il mieux que le nôtre. Un domeſtique y eſt un automate: il ſuit ſon maître comme l'ombre ſuit le corps; il ſe tient tout

le jour debout comme une ſta-
tue, & il ne répond jamais qu'un
ïa ou un *ſi*, lorſqu'on l'interroge.
Cependant s'il me falloit avoir
des gens de cette eſpéce, & vivre au milieu d'eux, je n'y pourrois pas tenir un quart d'heure.

La M. Comte, vous avez rai-
ſon ; je penſe comme vous. J'aime
à me voir environnée de gens d'eſprit qui me conçoivent, & j'aime
à voir des yeux pétillants & un
maintien agréable. En fait de
magots, je ne les ſupporte que
ſur une cheminée ; & en fait de
bêtes, je veux qu'elles ſoient tout-
à-fait chien ou chat. L'eſprit eſt de
tous les états ainſi qu'une belle
phyſionomie. Un domeſtique

fot & mauffade forme un objet trop défagréable pour l'avoir continuellement fous les yeux.

LA B. Enfin, chaque Pays, chaque coutume; mais je fuis toujours étonnée de voir tous les matins des Seigneurs aller à pied & fans aucune fuite. Je l'avoue, nous autres étrangers, nous regardons comme un péché irrémiffible de fortir fans laquais.

LE C. Auffi, Madame, vivez-vous dans un efclavage perpétuel : on ne connoit point les agréments de la vie, quand on ne fait pas jouir de la liberté d'être feul. Mais peut-on comprendre ce langage, lorfqu'on n'eft pas né Parifien?

La M. Tout dépend de la maniére dont on est *éduqué* ; car la naissance n'y fait rien. Heureusement qu'ici nos enfants sont *maniérés* dès l'âge de cinq ans, & ils savent dès lors juger d'une mode, décider d'un habit, & même se mettre du bon air. La petite *Fanchonette*, qui mourut l'an dernier, & qui étoit un enfant joli à *croquer* & tout *au parfait*, ne pouvoit souffrir une Dame sans odeurs & sans mouches.

La B. Chez nous on est un peu plus tardif en bel esprit ; mais beaucoup plus précoce en bon sens.

Le C. Le bon sens, le jeu de

l'oie & les contes de ma grand'-
mere, tout cela eſt la même cho-
ſe. Fi de la routine; il n'y a que
les jolies choſes d'agréables, &
certainement le bon ſens n'eſt
pas joli. Il me ſemble le voir en
perruque *in-folio*, ouvrant la bou-
che à trois tems, & tenant tout.
le monde en ſuſpens pour dire,
enfin, *que la guerre eſt fort couteu-*
ſe, & que bien d'honnêtes gens pé-
riſſent. Oh, la belle découverte!

L A M. Madame la Baronne a
aſſiſté pluſieurs fois à la Comédie, & elle en eſt enchantée.

L E C. Madame fait beaucoup
d'honneur à nos Auteurs & à nos
Acteurs; mais je n'ai jamais guères compris comment les étran-

gers aiment notre Spectacle, qui ne nous affecte que parce qu'il repréfente nos mœurs : auffi je gagerois que dans bien des Cours étrangéres, où la Comédie Françoife eft en vigueur, on s'y ennuie plutôt qu'on ne s'y amufe; de forte qu'on la fupprimeroit, s'il n'étoit pas du bel air de dire qu'on fe réjouit à la façon de Paris; car, enfin, quiconque ne vit pas comme nous, doit être infenfible à tout ce qui retrace nos ufages. Les étrangers feroient mieux de fe jouer eux-mêmes en plein théâtre, à la maniére des François; mais la dignité en fouffriroit. Quelle vie que celle de Paris ! quelle liberté ! Je vais en

fiacre, fi bon me femble; je mar-
che à pied; je dîne chez le Duc;
je foupe chez le Banquier; je
fuis Philofophe dans un quar-
tier, étourdi dans un autre; je
vis, en un mot, comme je veux,
& tous les foirs je m'abandonne
à un Spectacle merveilleux, enchanté, voluptueux, femillant,
parfait, divin. Que de graces!
que d'agréments! eft-ce le féjour
des Fées, eft-ce le Temple des
Dieux? Je flotte entre ces deux
idées, & toute mon ame fe tranf-
porte, s'extafie, fe *fublimife*, fe
divinife.

LA M. Vous me raviffez. On
ne peut pas y tenir; il faut s'a-
néantir fous les charmes d'une

description si rapide & si radieuse. Je me pâme, il est vrai, & souvent j'expire au récit de certains sentiments tragiques qui liquefient le cœur & font fondre les yeux.

La B. Mais, sans le vouloir, vous allez, l'un & l'autre, nous donner ici la tragédie. Vos expressions sont de véritables coups de théâtre, auxquels on ne s'attend point.

Le C. Courage : *Coups de théâtre!* courage, encore une fois. Cette expression est merveilleuse; continuez, Madame, imitez notre langage, & bientôt vous n'aurez rien d'étranger que le nom; encore trouverons-nous le moyen de l'ajuster au ton de Paris, & de vous appeller, tout simplement, la Baronne de *Karfan*. Le *zel* est de trop; supprimez-le, d'autant mieux qu'il ne sert à rien.

LA M. Je suis de votre avis: on ne sauroit trop répandre de graces sur une Etrangére qui a autant de disposition que Madame pour se *dégermaniser*, se *désangliser*, se *désitaliser*, enfin, se dépouiller de tous les usages qui sentent le Rhin, la Tamise ou le Pô.

LA B. Il faut donc avoir l'odeur de la Seine pour paroître sur le bon ton. Je me proméne quelquefois sur les bords de ce fleuve, & je l'aime beaucoup ; mais je ne me fuis point encore apperçue que fes eaux fuffent odoriférantes.

Le C. Oh! Madame, que di- tes-vous là? Vous faurez, avant deux mois, que la Seine exhale des vapeurs toutes fuaves & tou- tes divines, & que fes rives en- chantées produifent les graces & les ris. Mais fix heures vont fon- ner, & je dois me trouver, dans ce moment, chez le Duc**** & chez le Cardinal de ****. Les vifites m'excédent, elles me pétrifient, & cependant perfonne n'en rend plus & n'en reçoit plus que moi. Mon Suiffe ne peut fuffire ; & mes chevaux, martyrs eux-mêmes de la mode & du bon ton, tombent sur les dents.

La M. Encore un moment. Ne valons-nous pas bien votre Duc & votre Cardinal? Et quand votre double visite sera remise, quel inconvénient! On m'attend à la Cour depuis deux jours, & cependant je demeure tranquille. J'ai tant de peine à quitter Paris, ne fut-ce que pour dix minutes, que je soupire un mois d'avance quand je dois seulement aller à un quart de lieue : je me crois aux Antipodes sitôt que je suis à Passy. Mes femmes-de-chambre se meurent dès la barriére.

Le C. C'est assurément grand dommage; car elles sont bien jolies. Je ne fais ce qui me paffe par la tête; je vois tout noir, & je pourrois bien mourir fans quitter Paris. *Je n'ai dormi que huit heures la nuit derniére. Ma voiture des Gobelins eft radieufe. Ma foi, je fuis embarraffé où trouver de l'argent. Je rencontrai hier Grimbaud; c'eft un Médécin habile. La petite* Céladoni *fe paffe. Quelle faifon! Nous n'avons point d'hyver.* Miros *m'amufe infiniment; il ne parle que par épigramme. J'avois un perroquet, qui a jugé à propos de crever ce matin; j'en fuis furieux; il parloit mieux que plufieurs de nos Académiciens; il fiffloit comme s'il eût été à quelque mauvaife Piéce. Nous remonte-*

rons, peut-être, le *Rhin* comme les *faumons*. *Je lis* Montagne; *c'est un Livre original. La Maréchale veut me faire peindre en paftel; je dois, en conféquence, prêter mon vifage pour trois heures. Les Tuileries reviendront; le Boulevard tombera. Quel repas que celui qu'on nous donna hier! il y avoit une fricaßée de chérubins; elle n'étoit que d'ailes & de têtes; les fauffes infpiroient la trifteße. Après la campagne, je vais aux Eaux; Madame la Baronne devroit y venir.*

L A B. Non, Monfieur, je vous fuis très-obligée; je ne cours jamais fans befoin, & ma fanté exige plutôt du bon vin que de l'eau.

L A

La M. Je crois, en vérité, que le Comte extravague. Avez-vous vu tout ce discours à fila-gramme qu'il vient de nous fai-re ? Ah ! la jolie tabatiére ! Com-te, regardez donc ; quelle délica-tesse ! quelle ciselure ! Mais voilà un petit chien qui ressemble par-faitement au mien ; la belle atti-tude ! on jureroit qu'il dort.

La B. Vous serez bien plus étonnée lorsque je vous dirai que cet ouvrage n'est point de Paris.

Le C. Je veux bien le croire ; mais ce sera un Parisien qui aura travaillé cette tabatiére dans le Pays étranger. Il n'y a qu'ici où des doigts si supérieurement agi-les, savent subtiliser, aiguiser,

émailler, incruster aussi magnifiquement. Paris, la ville aînée de
l'Univers, ne voit dans toutes les
autres villes, que de petits cadets
qui ont de la peine à se tirer d'af-
faires, & qui ne brillent, par-ci,
par-là, qu'en se ruinant tout-à-
fait.

La M. Mais voici le Chevalier d'*Argentrac* qu'on nous annonce. Eh! bon jour, Monsieur,
qu'êtes-vous devenu depuis deux
ou trois mois qu'on ne vous a vu?

Le Ch. Ma foi, Madame, je
ne le sais pas moi-même; j'ai, me
semble, dormi pour ne pas voir
les sottises de notre siécle; &
c'est le meilleur parti qu'on peut
prendre.

Le C. Quelle replétion de Philofophie! Ne craignez-vous pas, Monfieur, d'en mourir fuffoqué? Je troquerois toutes les belles actions des fiécles paffés pour les fottifes du nôtre. Arlequin, lui feul, m'amufe plus que tous les Philofophes; il me fait rire, & les autres m'ennuient.

La B. Chacun a fon gout; mais je fuis charmée de voir que dans Paris même, tout le monde ne penfe pas comme Monfieur le Comte. Je crois bien qu'il en eft ici des efprits ainfi que des modes : il y en a de toute efpéce & de toutes couleurs.

La M. Eh! fans doute, Madame; & voilà ce qui en fait l'a-

grément. L'efprit taciturne, l'efprit femillant, l'efprit raifonna-
ble, l'efprit extravagant, l'efprit
fublime, l'efprit rampant, l'efprit férieux, l'efprit badin, font
néceffaires, parmi nous, pour
former ces nuances d'ouvrages
& de raifonnements qui rendent
Paris le centre de toutes les nou-
veautés.

Le Ch. A propos de nou-
veautés, ces Dames ont-elles vu
le Livre à la mode, *imprimé en
verd*, & qui contient, peut-être,
environ quatre-vingt pages ? Il
m'a beaucoup plu, en ce que,
fous prétexte de vanter les modes & les frivolités de notre fié-
cle, il couvre de ridicules Petits-

Maîtres & Petites-Maîtresses,
Auteurs romanesques & futiles,
& se raille agréablement de notre persiflage & de nos airs af-
fectés.

La M. Il est vrai que si la mo-
rale est supportable, c'est dans ces
petits Ouvrages badins, que je
compare aux *Fables de La Fon-
taine*, qui finissent toujours par
quelque leçon.

Le C. Pour moi je pense que
Le Livre verd, fort plat & fort
ridicule, fronde, très-mal à propos, des usages reçus chez le beau
monde, & qui forment réellement ce qu'on nomme la bonne
société. Il faudroit, selon son avis,
qu'un Gentilhomme de Paris se

mouchât encore comme les Pay-
fans, ou en fe preffant le nez avec
les deux mains, comme font, ri-
diculement & très-mal-propre-
ment, Meffieurs les Italiens; il
faudroit qu'il n'eût ni graces, ni
maniéres, & qu'il marchât & par-
lât auffi gothiquement que nos
bons Peres, pitoyables en tout
genre; car on voit que le but du
Livre verd eft d'en venir là. Par-
tout il infinue qu'on devroit reprendre les anciens ufages, c'eft-
à-dire, vivre en animaux.

La B. Quand un Livre tend à
corriger les mœurs, le badinage
en eft toujours bon : fouvent
même il fait plus de fruit qu'un
Ouvrage auftére, & parce qu'il

est plus généralement lu, & parce qu'il n'a point la tournure d'un Sermon, contre lequel on se tient ordinairement en garde. Je voudrois que notre Noblesse s'occupât, comme ici, à donner, de tems en tems, quelques Ouvrages au Public : c'est véritablement ce qui nous manque. Le fruit des études s'anéantit parmi nous, sitôt qu'on a dix-huit à vingt ans ; on ne s'occupe plus de la lecture. Je le dis, quoiqu'à la honte de ma Nation, plusieurs de nos Seigneurs ne distinguent pas un Auteur d'un Acteur, & ne savent pas conséquemment honorer les talents comme ils le méritent. Les Romains & les

Grecs penſoient bien différem-
ment; & encore aujourd'hui les
François, les Anglois & les Italiens ſe ſignalent par leurs Ecrits.
Les Princes, les Milords, les
Comtes, les Marquis, les Mili-
taires, les Courtiſans, les Miniſ-
tres même, & les Généraux,
compoſent des Ouvrages agréables & utiles. La ſcience, qui va
de pair ici avec la plus haute No-
bleſſe, rendroit notre Nation il-
luſtre, ſi nous ſavions la cultiver.
J'eſpére que le tems opérera cette
merveille, & que nos Seigneurs,
pleins de bon ſens & de diſpoſi-
tions, en feront l'application dans
quelques Ouvrages utiles.

　　Le Ch. Vous parlez, Ma-
dame,

dame, en personne vraiment in-
telligente. On écrit trop parmi
nous, puisque tout le monde s'en
mêle; mais on donne en Allemagne dans un excès tout contraire.
Il semble que les Belles-Lettres
& les Sciences n'y sont le par-
tage que des pédants, & qu'il faut
être Professeur d'une Université
pour pouvoir faire imprimer.
Nous avons bien d'autres idées.
La plume nous illustre autant
que l'épée; & nous aurions bien
mauvaise grace d'agir autrement,
puisque nous voyons des Souve-
rains même se faire gloire d'en-
richir le Public de leurs produc-
tions, & retracer à nos yeux, *Cé-*
sar & Marc-Auréle.

La M. On ne sauroit trop caresser les Muses; c'est mon sentiment. Combien Paris ne se distingue-t-il pas en ce genre? quel accueil n'y fait-on pas aux gens d'esprit? On les cite, on les recherche, on les annonce la veille, on se félicite de les voir, de les entendre, enfin, de les posséder. Aussi, quel encouragement cela ne donne-t-il pas à l'émulation! Chaque jour voit naître des Ouvrages de toute espéce : les uns ne peuvent durer qu'une semaine; les autres ne doivent se soutenir qu'un mois; leur mode passe comme celle des fraises & des melons. J'admire le Danemarck; le Gouvernement fait voyager tous les ans des Gentilshommes, qui doivent connoître les Savans, les culti-ver, & prendre du gout pour la Littérature & la Philofophie. Sans doute, tous les Etats de-vroient imiter un auffi bel exem-ple. Les Pays où l'on écrit, pé-tillent ordinairement d'efprit; & qu'eft-ce que c'eft que le beau monde fans efprit?

Le C. Voilà une converfation étonnamment férieufe. Je pen-fe, depuis un quart d'heure, fi je pourrois la mettre en chanfon. Mais nous oublions-nous? ou voulons-nous prêcher, parce que le Carême, à ce qu'on dit, eft déja commencé? Dites-moi, je vous prie, Madame, fi les gala, dans vos cantons, fe foutiennent toujours avec éclat? eft-on toujours obligé de favoir quand une Dame eft née, comment elle s'appelle, quand elle a été faignée, purgée, & même quand elle meurt, pour prendre des habits rélatifs à la célébrité de ces grands jours? eft-on toujours obligé de porter, à pareilles fêtes, des habits maffifs, plutôt travaillés par des orfévres que par des brodeurs? Eh! vive Paris! chacun s'habille à fa maniére; de forte que fi je fuis affez Philofophe pour époufer la couleur noire ou brune à perpétuité, je le puis certainement, fans m'exclure, pour cela, d'aucune compagnie, d'aucun Spectacle, ni même de la Cour. Ainsi nous sommes, malgré notre bon gout, décidés pour les modes, les personnages les plus unis & les plus sans façon de toute l'Europe.

LA M. Le Comte vous dit vrai : il n'y a point de Pays où l'on aime moins les étiquettes que dans celui-ci : on ne va même aux Spectacles & en compagnie que si l'on veut ; & il faudroit plutôt nous enterrer, que d'entendre dire, comme chez l'étranger : *Mais vous n'étiez point hier à la Comédie ; on ne vous a point vu au Bal ; vous n'êtes point venu à l'Assemblée.* Propos futiles & très-génants, qui supposent

toujours une grande-petite ville.
On n'appelle pas, même ici, nos
coteries, la conversation, quoique réellement on y converse,
parce que nous savons que lorsqu'on dit: Venez converser; c'est
comme lorsqu'on dit : Riez. Les
entretiens & les ris doivent naître par hazard, n'avoir rien d'ap-
prêté, rien de déterminé. Chez
une Nation voluptueuse tout
doit se faire librement. Je n'aime
pas à me chatouiller pour me ré-
jouir : le plaisir redoute la co-
hue; il ne se trouve qu'en petite
partie.

La B. Si tous les Pays se res-
sembloient, il seroit inutile de
voyager. D'ailleurs, l'Univers

ne feroit pas un beau parterre, qui réjouit par la variété de fes nuances , & Meffieurs les Parifiens n'auroient pas le plaifir de s'évanouir à chaque pas qu'ils font chez l'étranger ; car il ne faut qu'un lit fans rideaux ou la vue d'un poële pour tomber en fyncope.

L e C. Il eft vrai que je n'ai jamais pu comprendre qu'on puiffe exifter fans cheminée. Nous autres Parifiens, nous refpirons le feu comme les falamandres ; & quoique nos femmes aient, fans contredit, le minois le plus délicat & le plus fin de l'Univers, les yeux les plus beaux & les plus étincelants, elles ne redoutent point l'aspect d'un bon feu. Elles savent que cet élément réjouit par ses couleurs, qu'il intéresse par son activité, qu'il tient compagnie, & qu'enfin il procure le plaisir de tisonner; plaisir qu'on ne connoit qu'à Paris, & qui vaut mieux que toutes les conversations de bien des Pays. Un feu qui ne s'éteigne jamais, une Brochure semée de mots brillants; voilà les agréments que je préfére à toutes les fêtes du monde. Sitôt que je vois un Pays sans cheminées, j'en conclus qu'on n'y connoit, ni les plaisirs, ni les aisances de la vie. Il faut l'avouer; nous sommes les enfants gâtés de l'Europe. Chez nous tout est excellent, tout eſt ſavoureux, tout eſt douillet, tout eſt divin. Nous nous dorlotons au milieu des aiſances qui percent de toutes parts ; nous nous roulons ſur les plaiſirs & ſur les enchantements comme ſur des lits de roſes & d'amaranthes ; nous trouvons ſous notre main mille ſonnettes qui interprétent nos beſoins, & mille bras élégants qui nous ſervent avec une agilité & une dextérité raviſſantes. Nos maladies ſont plus agréables & plus voluptueuſes que la meilleure ſanté des étrangers ; nos yeux ne ſe repoſent jamais que ſur des objets ſéduiſants ; & nos doigts ne rencontrent que des

chofes pluchées, veloutées, fati-
nées : ailleurs la nature eft art,
ici l'art eft nature. Ma *délaſſante*
vaut un trône ; mon cabinet, un
Louvre ; ma *déſobligeante*, un lit
voluptueux ; ma Bibliothéque,
un parterre ; mon fopha, un ga-
zon femé de violettes & de tu-
béreuſes. Mille glaces me repro-
duiſent de toutes parts, & multi-
plient ma volupté en multipliant
ma perſonne ; mille friandifes me
procurent une infinité de fenfations plus agréables les unes que
les autres ; mille odeurs me ren-
voient le plaifir jufqu'au fond de
mon ame ; & mille gens d'efprit
me raviffent dans une région de
délices qu'on ne connoit qu'à Pa-

ris, & qui me rendent immenſe & preſque infini.

La M. Vous avez tout dit, Comte, & j'ai tout ſenti, lorſque vous nous avez peint les voluptés Pariſiennes. Je ne ſais véritablement comment on peut naître dans le Pays étranger, & comment Paris ne devient pas l'habitation des quatre parties du monde : il y regne un gout, une délicateſſe, une aménité, une gentilleſſe, une élégance, une ſuavité, un ſavoir, un contentement, qui épanouiſſent les viſages & les cœurs, & qui rendent la plus petite Marchande cent fois plus agréable que mille Dames étrangéres. Mes femmes-de-chambre, je suis sûre, ont plus de graces au bout de leur petit doigt, qu'on n'en trouveroit dans des villes entiéres, d'Angleterre ou d'Italie.

LA B. Je voudrois qu'avec tant d'agrémens, on fût en procurer aux étrangers, qui pour l'ordinaire ne sont pas trop fêtés dans Paris. Peut-être en les associant aux plaisirs iniques de cette ville, viendroit-on à bout de les mettre véritablement à la mode du Pays.

LE C. Si les étrangers sont aimables, comme, enfin, cela peut quelquefois arriver, il est fâcheux de les connoître pour les perdre presque aussi-tôt; s'ils sont sots,

l'on n'a pas befoin de leurs figures dans la bonne compagnie.
Toutes les fois que j'invite à dîner un étranger, qui ne m'eſt
pas annoncé comme un homme
d'eſprit & à talents, j'ai bien foin
de recommander à mes amis de
ne pas s'y trouver. Je fuis fort
aife de leur épargner une pa-
reille corvée. Ce fyſtême, qui
eſt aſſez général à Paris, fait que
les étrangers nous quittent ordinairement fans nous connoître.
Nous les payons de la même mon-
noie qu'ils nous donnent; nous
ne leur préfentons que des repas de cérémonie, & conféquem-
ment très-férieux. On ne doit faire
qu'à propos, dépenfe d'efprit &

de gentilleſſes : autrement on n'eſt point entendu, ou l'on eſt mal copié par une foule d'étrangers qui ſont nos mauvais ſinges.

LA B. Mais à propos, l'heure de ſe retirer avance ; je n'attends que mon *monde* pour partir.

LE C. L'heure de ſe retirer, à neuf heures ! cette idée eſt toute neuve ; mais malgré ſa nouveauté, je ne crois pas qu'elle devienne à la mode. Madame, voulez-vous, ſans façon, accepter une place dans mon *vis-à-vis* ; je vous *vomirai* là où bon vous ſemblera, & je reviendrai prendre Madame la Marquiſe, que je dois accompagner à la Foire.

LA B. Ah ! voici mon équipage! Je vais joindre mon mari, & je vous suis très-obligée.

L E C. Son mari! Ah! il faut rire à gorge déployée! Quelle femme! quels propos! quel gros bon sens! Il y a deux heures que je n'y puis tenir. Sans doute notre Baronne va manger un plat de *choukraut* avec son cher époux. *Je leur* souhaite bon appétit, & prie le ciel de ne me jamais trouver avec une semblable bégueule. Je suis sûr qu'elle s'applaudit & qu'elle croit m'avoir terrassé. Les sots triomphent toujours, quand ils devroient se cacher. Mais nous voilà arrivés; je vais vous faire voir ma Marchande, qui est toute gentille, toute

fpirituelle, toute *maniérée*. Eh!
bon jour la belle enfant; comme
elle eft vermeille! comme elle eft
bien coëffée! elle a des graces
jufqu'à la pointe des cheveux;
qu'elle a les fourcils bien arqués!

LA MARCHANDE. Finiffez,
Monfieur le Comte, vos jolies
fadeurs : vous ferez donc toujours railleur? Il vaut beaucoup
mieux laiffer là mes prétendus
agrémens, & m'acheter quelque chofe. Nous fommes ici
pour vendre, & non pas pour
jouer la comédie.

LA M. Montrez-moi, ma ché-
re, ce que vous avez de plus cu-
rieux & de plus nouveau; je veux
me mettre en dépenfe, & vous
don-

donner de l'argent, qui vaut mieux que tous les compliments du Comte.

LA MARCHANDE. Voici des gentilleſſes de toute eſpéce, que vous faut-il? Voulez-vous des coëffures à la *Cancalle*, des bonnets à la *Crevelt*, des rubans de *Zondorf*, des éventails à la *Hockirchen?* Regardez ceci; c'eſt une gaze guillochée, propre à faire des mantelets. Mais, quoi! Madame, je vous vois une coëffure dont la mode paſſa hier au ſoir; n'en acheterez-vous pas une du jour? En voici une que je jurerois faite pour vous. Madame la Marquiſe de ** la porte déja depuis deux heures.

La M. Cela suffit; trouvez-vous demain à mon lever.

Le C. Combien de *berloques!* combien de *pertintailles!* combien de jolies maniéres de voler l'argent! Que de curiosités! que de jeux de toute espéce! On nous invite de toutes parts. Quelle affluence! c'est un labyrinthe dont nous ne pouvons nous tirer. Voilà un petit visage chiffonné, qui n'est pas mal; il est accompagné de petits yeux frippons, assez significatifs.

La M. Je ne trouve rien de si agréable qu'une Foire : ces cris d'une part, ces compliments de l'autre; cette presse, qui vous pousse & repousse; ces marchan-

dises de toutes couleurs; ces animaux en tout genre; ces Brochures nouvelles, où l'esprit badin
s'épuise en gentillesses : tout cela
forme un spectacle qui intéresse,
qui frappe, qui réjouit; mais
passons à l'Opéra comique, en
donnant un coup d'œil sur tous
ces Marchands étrangers; ils ont
pourtant une physionomie hu-
maine.

Le C. Soit, & allons oublier
notre Baronne, que je n'ai point
encore digérée. Il y a dans le
monde des femmes coriaces, qui
font le désespoir des personnes
sociables. Oh! *La Verdure, Saint-
Louis*, mes gens, les flambeaux.

Cette conversation est longue;

mais elle convenoit dans un *Li-*
vre à la mode. On y voit le bon
fens d'un côté, & le bel efprit de
l'autre, contrafter d'une maniére
frappante. Mais comme le bon
fens n'eft réellement plus à la
mode, nous ne faurions en faire
l'éloge fans nous deshonorer :
auffi ne l'entreprendrons-nous
pas.

O! vous, qui lifez actuelle-
ment cet Ouvrage, qui prome-
nez vos yeux fur chaque ligne,
comme dans l'allée de quelque
joli parterre, planté de tulipes &
de rofiers, c'eft, peut-être, pour
vous-même que cet Ouvrage eft
écrit. Peut-être vous avois-je en
vue lorfque j'ai parlé de modes

& de frisures, lorsque j'ai fait le portrait d'un agréable Petit-Maître & d'une charmante Petite-Maîtresse. Considérez & voyez quel plaisir de vous lire & de vous retrouver dans l'emblême des gentillesses & des *jolivetés* de notre siécle ; d'être les héros du bon gout, & de courir à l'immortalité par la route des graces, des ris & des belles maniéres. Souvenez-vous, & ne l'oubliez jamais, que votre réputation & votre honneur exigent que vous ne sortiez qu'avec un mouchoir parfumé, blanc comme l'albâtre, & toujours à moitié hors de votre poche ; que vous ne vous présentiez qu'avec

deux tabatiéres, l'une magnifiquement guillochée & pleine de
fon d'Efpagne, l'autre fuperbe-
ment émaillée & remplie d'excellent rappé ; qu'enfin, vous
n'affiftiez au Théâtre ou à la promenade que la lorgnette en main,
pour répandre fur tout le monde
des regards dédaigneux.

Il ne faut qu'un coup d'œil
manqué dans une occafion déci-
five, qu'un hauffement d'épaule
omis, qu'un panchement de tête
oublié, pour perdre, fans ref-
fource, un homme du bon ton.
Le Marquis d'*Eperliflas* n'ofe
plus fe montrer depuis fix mois,
pour n'avoir pas fu allonger à
propos fon petit doigt garni d'un

magnifique brillant. La Comtesse de *Masulippe* est encore sifflée & persifflée, pour avoir paru le 13 Juin 1757. à la promenade des Tuileries avec un chien bourgeois, qui n'avoit absolument rien des chiens de qualité. Le Chevalier de *Sosigrut* a manqué le mariage le plus brillant, pour avoir osé traverser le Boulevard dans un cabriolet peint en couleur minime ou rembrunie. D'ailleurs, rien ne lui manquoit de tout l'attirail d'un Petit-Maître affiché; chapeau à l'écuyére, cheveux artistement nattés, superbement chignonés, & soutenus d'un peigne merveilleusement contourné; mouchoir au col élégamment noué; enfin, chenillé, parmenté, brodequiné, ganté. Ce furent des huées qui l'accompagnent encore sitôt qu'il se fait voir. La Livrée montre au doigt la jeune Baronne *Nanis*, parce qu'elle ne fait pas grimacer en buvant.

Je voudrois qu'on eût la rubrique des usages du beau monde, & qu'on la lût exactement, au moins toutes les semaines. Cette rubrique, toute en mots nouveaux, rélatifs aux modes & aux bienséances, formeroit un Livre très-solide & très-instructif, qui apprendroit aux Dames Françoises à faire joliment des nœuds, & à les jetter encore plus joli-

joliment, & qui enseigneroit aux Dames Allemandes à défiler élégamment des galons, & à les brûler avec grace.

Juste ciel! comme les doigts anciens étoient mécaniques! une quenouille, une éguille! Quel accoutrement! Nos bonnes grand'meres font bien de ne pas revenir; nous les réléguerions avec les servantes du plus bas étage; & encore je ne sais si ces servantes ne les jugeroient pas mauvaise compagnie. *Jasmin*, honorable laquais, aux cheveux blonds, à la belle taille, aux yeux bleus, en montre d'or à répétition, en manchettes à dentelles, en galons d'argent, en boucles à

L

brillants, auroit honte de fe trouver avec quelque bifayeul de nos plus élégants Seigneurs. Nos métamorphofes font mille fois plus étonnantes & plus jolies que celles d'Ovide.

Voyons feulement nos Guerriers, en comparaifon de ce qu'ils étoient les fiécles paffés. Autrefois brufques, maffifs, encuiraffés, *cafqués*, bottés de la maniére la plus grotefque, ils épouvantoient le genre humain ; ils ne parloient que de tuer, de brûler, de pulvérifer ; & ils fembloient avoir toujours dans leurs poches des billets de mort à diftribuer à quiconque les regardoit en face : aujourd'hui élégants, en manchettes à dentelles, en frifure toute gentille, en bas de foie toujours blancs, douillets comme l'hermine, ils aiment mieux fentir la poudre à la maréchale que la poudre à canon; ils ne tuent de leurs regards que le beau fexe, qui fe meurt pour eux; ils fautent, ils danfent, ils cabriolent, ils donnent des bals, des comédies; ils font de la guerre le jeu le plus amufant.

Que je me fais bon gré d'être né dans ce fiécle-ci! de vivre au milieu des élégances, des gentilleffes, des agréments! On éft Poëte lorfqu'on le veut, Guerrier lorfqu'on endoffe un uniforme, Magiftrat lorfqu'on prend

une robe noire, Médecin lorfqu'on s'appelle Docteur. Rien
ne coute aux efprits d'aujour-
d'hui, foit qu'ils aient la fcience
par infufion, foit qu'ils fachent
s'en paffer : ils raifonnent, ils ju-
gent, ils décident, ils approu-
vent, ils condamnent merveil-
leufement bien & toujours en ba-
dinant, fans jamais ouvrir un Livre, fans jamais fe gêner, fans
dérober un quart d'heure à leurs
repas, à leurs fpectacles, à leurs
jeux, à leurs affemblées, à leurs
toilettes.

Encore une fois, je ne puis
me laffer de le répéter, combien
nous fommes admirables ! Romains, Grecs, taifez-vous ; je rou-

gis pour vous quand je lis votre Hiſtoire : il falloit dans vos Empires des études de vingt, trente ans, & même de toute la vie, pour arriver à l'héroïſme, pour jouir, enfin, du titre de grand homme. Des boucles d'oreilles, au rapport de Cicéron, rendoient, parmi vous, un homme infame. Etiez-vous donc ours, lions, chevaux ? Non ; mais, hélas ! hélas ! vous n'étiez pas Petits-Maîtres, c'eſt-à-dire, l'élixir de l'humanité, la quinteſſence de l'eſprit.

Que j'aime à voir nos jolis Cavaliers s'épurer, ſe ſubtiliſer dans le Laboratoire des graces, s'y mettre à l'alambic, ou pour rajeunir un viſage déja ſuranné, ou

pour *maniérer* tout leur corps!
Que j'aime à me repréfenter nos
Dames dans le tamis des agréments, qui fe fecouent, qui s'agi-
tent, pour ne conferver que la
fine fleur de leur teint, & pour
féparer les particules de leur efprit, des grains de ce gros bon
fens, dont, graces aux modes,
l'Univers fera bientôt purgé!

F I N.

Library stamp

www.ingramcontent.com/pod-product-compliance
Lightning Source LLC
LaVergne TN
LVHW021844170726
843503LV00003B/1063